Francisco de Rojas Zorrilla

Don Pedro Miago

Barcelona 2024
Linkgua-ediciones.com

Créditos

Título original: Don Pedro Miago.

© 2024, Red ediciones S.L.

e-mail: info@linkgua.com

Diseño de cubierta: Michel Mallard.

ISBN tapa dura: 978-84-9897-330-3.
ISBN rústica: 978-84-9816-218-9.
ISBN ebook: 978-84-9897-182-8.

Cualquier forma de reproducción, distribución, comunicación pública o transformación de esta obra solo puede ser realizada con la autorización de sus titulares, salvo excepción prevista por la ley. Diríjase a CEDRO (Centro Español de Derechos Reprográficos, www.cedro.org) si necesita fotocopiar, escanear o hacer copias digitales de algún fragmento de esta obra.

Sumario

Créditos _____ **4**

Brevísima presentación _____ **7**
    La vida _____ 7

Personajes _____ **8**

Jornada primera _____ **9**

Jornada segunda _____ **47**

Jornada tercera _____ **83**

Libros a la carta _____ **123**

Brevísima presentación

La vida

Francisco de Rojas Zorrilla (Toledo, 1607-Madrid, 1648). España. Hijo de un militar toledano de origen judío, nació el 4 de octubre de 1607. Estudió en Salamanca y luego se trasladó a Madrid, donde vivió el resto de su vida. Fue uno de los poetas más encumbrados de la corte de Felipe IV. Y en 1645 obtuvo, por intervención del rey, el hábito de Santiago.

Empezó a escribir en 1632, junto a Pérez Montalbán y Calderón de la Barca, la tragedia El monstruo de la fortuna. Más tarde colaboró también con Vélez de Guevara, Mira de Amescua y otros autores.

Felipe IV protegió a Rojas y pronto las comedias de éste fueron a palacio; su sátira contra sus colegas fue tan dura al parecer que alguno de los ofendidos o algún matón a sueldo le dio varias cuchilladas que casi lo matan. En 1640, y para el estreno de un nuevo teatro construido con todo lujo, compuso por encargo la comedia Los bandos de Verona. El monarca, satisfecho con el dramaturgo, se empeñó en concederle el hábito de Santiago: las primeras informaciones no probaron ni su hidalguía ni su limpieza de sangre, antes bien, la empañaron; pero una segunda investigación que tuvo por escribano a Quevedo, mereció el placer y fue confirmado en el hábito (1643). En 1644, desolado el monarca por la muerte de su esposa Isabel de Borbón y poco más tarde por la de su hijo, ordenó clausurar los teatros, que no se abrirían ya en vida de Rojas Zorrilla, muerto en Madrid el 23 de enero de 1648.

Personajes

El Rey
Don Pedro Miago
La Infanta
Teresa Gil
Domingo
Gimen
Criado de don Pedro
Mingo, gracioso
Doña Toda
Don García
Ortun
Almirante
Condesa
Abdel, moro
Zoraide, moro
Otro Moro
Galvan
La Reina
Berrueco
Un Músico

Jornada primera

(Salen el Rey y doña Toda, de caza.)

Doña Toda No paséis más adelante,
que, vive Dios, si pasáis..

Rey ¡No vi mujer semejante!

Doña Toda No imagino que dudáis
de mi valor.

Rey ¡Qué arrogante!
En tan hermosa mujer
parece impropio tener
tanta arrogancia lugar.

Doña Toda No es arrogancia juntar
el decir con el hacer;
que soy mujer que al más hombre,
no estando muy ajustado
a mi valor y a mi nombre...

Rey Ese ceño, hermoso agrado,
no habrá valor que no asombre,
que de esos ojos el Sol,
sin valerle su arrebol
tiembla si airados los ve;
alas yo atrevido seré
de los vuestros girasol,
que hasta verlos puestos, tengo
de seguirlos y adorarlos,
que loco tras ellos vengo.

Doña Toda	Contra quien piensa agradarlos rayos de furor prevengo, y esta escopeta será cometa en la mano mía, que andáis muy grosero ya.
Rey	Si amor es descortesía, con vos bien grosero está, porque os tengo mucho amor.
Doña Toda	¡Qué cansado cortesano!
Rey	Soy ahora cazador que una fiera sigo en vano, y voy con este rigor; pero conoced de mí que soy vuestro,
Doña Toda	Yo soy mía, y tan sin dueño nací, que aseguraros podría... Pero mucho tardo aquí: quedaos con Dios.
Rey	Una mano me habéis de dar.
Doña Toda	Vive Dios, pues que no andáis cortesano, que os tengo de dar las dos con el venablo.
Rey	Es en vano esta vez tu resistencia.

Doña Toda	Matarétè por la ley
de mi honor.
Rey	Ten más paciencia,
y advierte que soy tu rey.
Doña Toda	Si tarda más la advertencia
no era muy buena ocasión;
vuestra alteza me perdone,
y me dé con el perdón
licencia.
Rey	Aguarda.
Doña Toda	Y corone
en Castilla y en León
el tiempo largas edades
ese valor no vencido.
Rey	Si a dejar te persuades,
mujer, un rey sin sentido,
mal juzgaré por verdades
tus corteses bendiciones.
Doña Toda	¿Qué vasallo a su rey niega
tan justas obligaciones?
Mi padre pienso que llega,
y en aquestas ocasiones
que me encuentre no es razón,
que es viejo, y nombre le dan
de mirar por su opinión,
y con un rey tan galán.
No es buena conversación;

gozad en Valladolid,
Alfonso, lo que esperáis,
como es razón, y advertid
que la mano que horadáis
temió el ballestón del Cid
más que el plomo que en Toledo
el moro astuto os echó,
donde acrisolando el miedo,
el corazón que os rigió
tuvo siempre el brazo quedo;
sin olvidaros que fue
un venablo la ocasión,
hui dellos, que aunque hay fe
en mi noble corazón,
es espejo en que se ve
este que traigo en la mano
de las desdichas de ayer
en don Sancho, vuestro hermano,
y es gobernable mujer
como mandable villano.

Rey	¿Eres hija de Bellido?
Doña Toda	No, sino de un hombre honrado, tan ricoy tan bien nacido que este corazón me ha dado y este valor me ha vestido.
Rey	¡No vi tal valor jamás, perdido me tiene y loco!
Doña Toda	Yo me voy.
Rey	Luego te irás.

Doña Toda	No estoy bien.
Rey	Aguarda un poco, segura conmigo estás, que a finezas cortesanas el seguro honor que adoras, ni ofendes ni le profanas.
Doña Toda	No lo están con vos las moras, mal lo estarán las cristianas.
Rey	¿De qué suerte?
Doña Toda	¿No casáis con la Infanta de Sevilla? luego mal aseguráis Las cristianas, si en Castilla de las moras no lo estáis, o ellas no lo están de vos.
Rey	¿No sabré...
Doña Toda	Quedaos adiós.
Rey	¿Dónde en la corte vivís?
Doña Toda	No sé, Señor.
Rey	¿Qué decís?

(Sale don García.)

Don García.	Aquí están solos los dos...

	¡Notable desdicha mía! Si el Rey la quiere, ¿qué haré?
Doña Toda	Ya pasa de cortesía; Yo me voy.
(Vase.)	
Rey	Y loco iré tras ti.
Don García	¿Señor?
Rey	¿Don García?
Don García	¿Dónde vuestra alteza va?
Rey	Tras un imán que me lleva; y don Gimen ¿dónde está?
Don García	A la boca de esa cueva que al campo esmeraldas da, con toda la montería esperaba si salía un oso, que por cogerlas trocó corales a perlas en aquesa fuente fría.
Rey	¿Conoces esa mujer, que dejando el viento atrás parejas quiso correr con el Sol, armada más de rayos al parecer? Que si no es su hermosa hermana

	la cazadera Diana,
	según esparce arrebol
	es signo en que nace el Sol
	al Cefir estrella humana;
	que tras sus libres antojos
	con un venablo hace al suelo
	dulces mortales enojos,
	llevando en arcos de cielo
	siempre flechados dos ojos.
Don García	¿Es la que partió de aquí cuando yo llegaba?
Rey	Sí.
Don García	¿Pues esa te ha parecido tan hermosa?
Rey	Ángel ha sido;
	mayor belleza no vi
	después que reino en Castilla;
	si no te lo ha parecido,
	de mi amor fue maravilla,
	que te ha trocado el sentido
	para no amarla y servirla
	y matarme a mi de celos:
	pero pues quieren los cielos
	que me rinda a su hermosura,
	seguir conmigo procura
	mis amorosos desvelos.
Don García	Señor, advierte...
Rey	¿Qué dices?

Don García	Que de tu real grandeza, con esa ocasión desdices.
Rey	Pues dime, ¿es amar bajeza?
Don García	¿Cuándo?
Rey	Tú me contradices sin ocasión, don García.
Don García	Otra no puede haber sido que mi amor y la fe mía.
Rey	A celoso me has olido, si no es vana fantasía de mi amoroso accidente.
Don García	¿Celos yo, y de vuestra alteza?
(Voces dentro.)	
Una	Ataja al monte la gente.
Otra	¡Notable es su ligereza!
Otra	Al río.
Otra	Al sauce.
Otra	A la fuente.
Rey	Ya suena la montería.

Don García   Debió de dejar el oso
                    la cueva oscura y sombría,
                    de los perros temeroso,

Rey   Sigámoslos, don García
                    quizá podré divertir
                    con la caza la pasión
                    si es que se pueden huir
                    estrellas de inclinación
                    de bien amar sin morir;
                    mas con nosotros está
                    el oso y la montería.

Voces (Dentro.)   Aquí está el Rey.

(Sale Ortun.)

Ortun   Por acá.

Rey   ¿Qué es aquesto, don García?

Don García   Don Gimen pienso que va
                    del oso fiero en los brazos,
                    y en esa cueva se entró
                    donde le ha de hacer pedazos.

Ortun   ¡Tal fiereza no se vio!

Rey   Romped los lascivos lazos
                    de esa hiedra vividora
                    que de esa vid abrazada
                    defiende la entrada ahora
                    de esa gruta, en vano armada
                    como el poder de la aurora

17

                        a nuestras armas, y muera
                        ese animal, y sacad
                        a don Gimen libre afuera,
                        y por castigo clavad
                        la cabeza de la fiera
                        en ese hermoso obelisco
                        que hace escala para el cielo
                        de los hombros de ese risco,
                        verde gigante, que al suelo
                        colmó de hiedra y lentisco.

Ortun   Ya se arrojó don García.

Don García   Esta empresa ha de ser mía.
                        Mas ¿qué es esto?

Ortun   Absorto y ciego,
                        un relámpago de fuego
                        le retiró.

Rey   ¿Qué sería?
                        ¡Cobarde imaginación!
                        Yo he de librar a Gimen,
                        si puedo, en esta ocasión.

Don García   Mira, señor...

Rey   Está bien,
                        que no es poca obligación
                        la que a un rey corre en derecho
                        de un vasallo, y más tan noble.

Don García   Ya estará pedazos hecho.

Rey	Yo he de entrar, que tengo un roble
por corazón en el pecho,
y le tengo de librar
o le tengo de vengar.
Ortun	Pues todos te seguiremos.
Rey	Cerrad los ojos y entremos,
Que al temer vence el osar,

(Vanse, y hay grita dentrode labradores, de baile, música.)

(Salen Teresa, Berrueco, Mingo y los músicos.)

Músicos (Cantan.)	Qué linda es Valladolid
las mañanicas de Abril,
su puerta del Campo
del cielo es jardín
que sus muros quieren
con él competir;
por ella entró Alfonso,
día de san Gil,
de vencer los moros
de Alcalá yMadrid;
a casarse viene
con mora gentil
que es hija del rey
de Guadalquivir;
si se baulizare,
viva siglos mil,
y sí no, se muera
antes de parir,
porque no tengamos
cuando nazca ansí,

	siendo entreverado,
	príncipe pernil;
	qué linda es Valladolid, etc.

Berrueco   Buena ha estado la canción.
             ¿Quién la ha hecho?

Mingo   Yo la he hecho.

Berrueco   Hagaos, Mingo, buen provecho,
             Y caigaos mi bendición,
             que tenéis lindo magin
             para poeta

Mingo   Es negocio
             que con desvergüenza y ocio
             puede hacerse un celemín
             de copras; este domingo
             pienso hacer otras a Menga
             y a Teresa

Teresa   Dios os tenga
             de sus consonantes, Mingo,
             que es negocio peligroso

Mingo   Ansí yo se lo soplico

Músico   Y más si da en saterico,
             por ser sonado o mocoso

Berrueco   ¿En efeto se volvió
             a Valladolid nuestro amo?

Mingo   Con los conejos y el gamo

	que doña Toda mató.
Berrueco	¡No esperará el jabalí
	que estaba en la armada ya!
	Magino que huyendo va
	del Rey.
Mingo	¿Del Rey?
Berrueco	Que él se entiende. Mingo, sí,
Mingo	¿Que eso pasa?
Berrueco	No os dé pena,
	más sabe el cuerdo en la ajena,
	que el majadero en su casa;
	lo mismo me hiciera yo
	ajustándome a la ley,
	que ese es rey quien no ve al rey.
Teresa	¿Sentarémonos?
Berrueco	¿Pues no?
Teresa	La noche es acomodada
	para entretenerla ansí.
Berrueco	¡Ay Teresa, si de mí
	Te dolieses!
Teresa	Más nonada.
Berrueco	Siendo para lo de Dios,
	no te estuviera muy mal.

Teresa	Ruéganme Gil y Pascual que son mejores que vos, ¿y había de enquillotrarlos por vos, Berrueco?
Berrueco	Mentís, Teresa, en lo que decís, que no podéis igualarlos con mi zapato, Teresa.
Teresa	¿Mentís a mí? hoy os saco las narices de un bellaco.
Berrueco	Y no fuera mala presa, aunque las tengo algo chatas.
Músico	Ea, Teresa, tené.
Berrueco	En medio, Mingo, os poné.
Teresa	Déjame poner las patas en la boca y en los dientes deáte bellaco ruin. ¿Mentís a mi?
Mingo	Tengan fin pendencias impertinentes, y váyase uno por otro.
Teresa	No sabéis bien lo que soy si de la suerte que estoy me emberrincho y enquillotro.

Berrueco   Yo os pido perdón, Teresa.

Músico   Perdonadlo.

Mingo   Perdonaldo,
            y como necio dejadlo.

Berrueco   Y de serio no me pesa,
            que diz que son más dichosos.

Mingo   Volvámonos a asentar.

Berrueco   La mano me habéis de dar.

(Sale Gimen por la boca de la cueva.)

Gimen   ¡Luceros del cielo hermoso!
            Gracias a Dios que os diviso.

(Sale don García.)

Don García ¡Gracias a Dios, estrellado
            manto, que os miro, y que al prado
            los verdes recamos piso!

(Sale Ortun.)

Ortun   ¿Es el cielo este que veo?
            ¡Gracias a Dios que salí!

Mingo   ¡Hola! gente viene allí,

Don García Fuera estoy, y no lo creo.
            ¿Es Ortun?

Ortun	¿Es don García?
Gimen	¿Es don García?
Don García	¿Es Gimen?
Gimen	¿No me dais el parabién de mi dicha?
Ortun	Y de la mía también le puedo pedir.
Gimen	Yo lo agradezco a mis manos.
Mingo	Sin duda son cortesanos que tras el Rey deben de ir.
Berrueco	Vayan muy en hora buena.
Músico	Yo sentado me he de estar, y un juego puede empezar Teresa.
Gimen	Fui su colmena, y fuera también García su comida, si en igual ocasión este puñal de la noble sangre mía no restaurara el atroz fin con la suya, de suerte, que volviéndose la muerte contra el animal feroz, quizá dé miedo, después

                    que vio ceñido el acero,
brazos que trocó primero
al cuello trocó a los pies;
que seguro y satisfecho
del encubierto puñal,
como villano animal
dio al acero todo el pecho;
y todo el acero yo
por tres veces al cerdoso
corazón, y victorioso
salí a buscaros.

Don García	No vio mayor valor en Milon ni en Iro la antigüedad.
Gimen	Siempre la necesidad dio ardimiento al corazón.
Ortun	Ya te tuvimos por muerto.
Gimen	Fue dicha no perecer.
Don García	El Rey te quiso valer, y sin orden ni concierto entró en la cueva tras ti, y todos tras él entramos, y más prodigios hallamos a la entrada que si allí la griega Circe viviera; pero apenas nos pusimos dentro, cuando nos perdimos unos de otros, de manera que por milagro benios vuelto

	Del cielo al azul zafir.
Gimen	¿Y el Rey?
Don García	Debió de seguir el fiero bruto, resuelto de vengarte u de librarte, y se ha perdido también con la oscuridad, Gimen, o salió por la otra parte, o primero que nosotros por aquesta que salimos.
Berrueco	Si al soldado le vestimos de tan divinos quillotros no tien que pedirle al Rey merced ninguna, pardiobre.
Mingo	Ya que viene, no ha de ir pobre De nuestras manos.
Berrueco	El buey Bermejo le pienso dar, Para que coma también.
Don García	Pues aquí hay gente, Gimen, bien podemos preguntar, que puede ser que le viesen pasar al amanecer.
Teresa	Este el soldado ha de ser.
Don García	Cuando razón no nos diesen, Volveremos a buscarle

	a la cueva, sin dejar
el más oculto lugar.
Teresa	Él lleva gallardo talle,
Y va de verde vestido.
Ortun	Aquí han visto al Rey, que dan las señas dél
Teresa	Tan galán
de la guerra no ha salido
ningún soldado jamás;
la daga lleva dorada
y la espada.
Mingo	«Daga, espada.»
Berrueco	Mingo, como grulla estás
en vela.
Teresa	¡Qué de colores
de plumas en el sombrero
tremola al viento ligero!
Don García	Buenas noches, labradores.
Músico	«¿Plumas?»
Gimen	Bien han respondido.
Ortun	Deben de llamarse ansí
Las noches, Gimen, aquí.
Teresa	En el gallardo vestido

	Lleva una batida terciada.
Músico	«¿Banda?»
Don García	¿Habéis visto pasar al Rey?
Teresa	Para pelear lleva limpia espada.
Mingo	«¿Espada?»
Gimen	¿Habéis visto por aquí pasar al Rey?
Teresa	Con botones de oro lleva los calzones.
Don García	Es verdad.
Berrueco	«¿Calzones?»
Teresa	Sí; Tarde acordasteis, Berrueco, poné una prenda.
Berrueco	Aquí está Mi caperuza.
Don García	Arre allá, suele responder el eco ¿Y no respondéis vosotros? ¿Habéis visto al Rey pasar?

Berrueco	«¿Calzones?»
Gimen	No hay que esperar; o la falta está en nosotros, o ignoramos su lenguaje.
Don García	No hay para bestias ninguno como un palo; y si hay alguno que entienda este villanaje, sin duda ese debe ser en aquestas ocasiones. ¿Habéis visto al Rey?
Berrueco	«¿Calzones?»
Gimen	Buen modo de responder, su lenguaje les hablemos, que no nos responderán de otra suerte.
Teresa	Él va galán.
Ortun	Ansí, villanos, podremos darnos a entender mejor.
Teresa	Ladrones, Mingo, ladrones.
Mingo	«¿Espada?»
Músico	«¿Plumas?»
Berrueco	«¿Calzones?»
Don García	Tente, villano.

Berrueco	Señor, mirad qué queréis de mí, que yo a nada me resisto.
Don García	Que nos respondas si has visto pasar al Rey por aquí.
Berrueco	¿Y he de responderos luego?
Ortun	¿Hermosa flema, Gimen! Habla, acaba.
Berrueco	Mira bien, si ello va fuera de juego; porque en estas ocasiones si es burla y de juego va todo hoy no me sacará otro que Dios de «calzones».
Don García	¿Para qué hemos de jugar?
Berrueco	En fin, Señor, ¿no os burláis?
Gimen	¡No, vive Dios! ¿qué aguardáis?
Berrueco	Pues no le he visto pasar.
Ortun	Despachónos brevemente.
Don García	¿No has visto al Rey, que animoso esta tarde tras de un oso en esa cueva de enfrente entró á librar a un vasallo

                            con nosotros?

Berrueco   No le vi;
                            pero si él ha entrado ahí,
                            de buena se habrá escapado
                            si ha vuelto a salir afuera,
                            porque diz que está encantada
                            de un rey moro, y no hay espada
                            ni valor que vencer pueda
                            tan espantosa aventura;
                            ya sé que al cabo del año,
                            que suele hernos de daño
                            su espantosa boca oscura
                            a más de cuarenta crías,
                            que es albergue de los lobos,
                            de los osos, de los tigres,
                            y suceden los más días
                            mil desgracias a su puerta,
                            y aunque habemos procurado
                            cegarla, ha sido excusado,
                            que luego amanece abierta;
                            otra diz que tiene encima
                            de Pisuerga, por adonde
                            en tiempo pasado el conde
                            peranzures, que fue grima
                            del moro, a ganar entró
                            a Valladolid; de aquí,
                            dicen, no sé si es ansí,
                            porque no lo he visto yo,
                            que las noches de San Juan
                            sale a bañarse a placer.

Gimen   Fábula debe de ser.

Berrueco	Una vez el sacristán
de Simancas quiso hacerle
con el hisopo un conjuro,
y ahora no está seguro.
¿Pero quién no ha de temerlo,
si es moro y está encantado?
Don García	Por esotra boca el Rey
salió sin duda.
Berrueco	De un buey
me tiene a cargo el manchado
pellejo, que el bellacón
encantado y hi de puta,
con cáscara como fruta
se los come.
Gimen	Dilación
no cabe en saber adónde
el Rey, señores, está,
pues se ve que es tarde ya,
y si esta cueva le esconde:
busquemos hachas y entremos
a pesar de sus encantos
y peligrosos espantos
hasta que a Alfonso hallemos.,
Don García	Guíanos a esotra boca
de la cueva tú.
Berrueco	Venid.
Don García	Que entrar en Valladolid
sin él, es cordura poca,

	poco honor, amor y ley; que rey que de amor movido por vasallo se ha perdido cuando necesario fue, razón es que sus vasallos pierdan la vida por él.
Berrueco	Él fue consigo cruel.
Gimen	Camina.
Berrueco	(Yo he de dejarlos en podiéndome escorrir.)
Don García	Pasa adelante.
Berrueco	Yo iré en cualquiera parte, á fe, muy bien.
Ortun	Adelante has de ir.
Berrueco	¿Que fuese yo el desdichado que cogiesen? ¡loco estoy!
Don García	Camina aprisa.
Berrueco	Yo voy oliendo a moro encantado,

(Vanse.)

(Sale Abdelmon, rey moro negro, con una hacha encendida, y el Rey Alfonso con la espada desnuda, afirmándose con él.)

Abdelmon	¿Qué me quieres, Alfonso? ¿qué me quieres? déjame en mi quietud.
Rey	¿Quién eres, moro?
Abdelmon	Un desdichado soy.
Rey	Dime, ¿quién eres?
Abdelmon	Si Alaquivir, a quien postrado adoro, en aquesta ocasión me permitiera que pudiera perderte el real decoro, no pisaras con vida la ribera del gran Pisuerga, que por dueño ahora los pies parece que besarte espera. Mas, pues quieren los cielos que la mora nación a tus pendonescastellanos dé fin, como mi triste suerte llora, y que comience Espiña por tus manos a levantar el cuello victorioso dispuesto por los nados soberanos, que sepas ya quien soy será forzoso, si el cielo en nuestra ofensa te destina; escucha atento, Alfonso generoso. El nuevo Abdelmon soy, rey deMedina, que vuestro Cid venció, de cuya espada llora tragedias hoy la Sarracina. Huyendo de su furia esta olvidada de los rayos del Sol, cueva sombría, escogí por amparo y por morada. Aquí sin ver jamás la luz del día, en la mágica negra entretenido, que contra el hado no hay nigromancia

salgo a observar de noche el sordo olvido,
de su quietud las luces celestiales,
y cuantas líneas hay con paso mido
y hallo por retrógrados fatales,
sin aspecto benévolo ni trino,
cierto del moro los futuros males.
Y más ahora, Alfonso, que al divino,
poder que te da Alá juntas la clara
sangre del más famoso Sarracino.
Ahora que tu hermosa prenda cara
Ali Maimon te da, rey de Sevilla,
Zaida en la dicha y en belleza rara:
aunque ha de dar un Príncipe a Castilla
que en tiernos años muera cuando empiece
a esgrimirla católica cuchillo;
pero de otra mujer Alá te ofrece
divinos descendientes generosos
con que al poder alarbe se escurece;
veinte años ha más tristes que dichosos
que soy cíclope sordo desta cueva,
luchando con los hados poderosos;
y pues es vana ya cualquiera prueba
y no hay ciencia que venza a la fortuna,
lleva, Alfonso, de mi la postrer nueva
que desde este peñasco, que coluna
parece de las nubes y atalaya
de los escasos rayos de la Luna,
la muerte está en razón que a buscar vaya
dando al mundo Pisuerga esta vitoria
aunque me vuelva a su desierta playa.

Rey (Despéñase.) ¡Arrojose, no cuenta humana historia
Más prodigioso caso! ¡alarbe fiero,
y valor digno de mortal memoria!

llamar mi gente con mi seña quiero,
que pienso que con hachas encendidas
me busca, y de Gimen el fin espero,
que hoy ha sido la caza de perdidos.

(Vase.)

(Sale don Pedro Miago, y los criados, dándole aguamanos, y los músicos cantando, y doña Toda, su hija, con la toalla.)

Músicos (Cantan.) ¿Quién vio al conde Peranzures
en Valladolid la rica,
en un caballo alazan
cola larga, crespa y riza,
recebir al rey Alfonso
que de Toledo venía
de tomar la posesión
de Asturias y de Castilla?

Don Pedro   Toalla.

Doña Toda   Ya yo os la doy.

Don Pedro   ¿Tanto favor, hija mía?

Doña Toda   Más os debo.

Don Pedro   Alzad del suelo.

Doña Toda   Vuestra mano, de rodillas,
señor, espero primero.

Don Pedro   Y los brazos tomad, hija,
y escuchad la mejor letra

	que se ha trovado en Castilla;
	Imagino que quedaste,
	que lo bueno no se olvida,
	en la cuera con ribetes,
	filigrana y sin polilla.
Músicos (Cantan.)	La espada de Alfonso el Casto
	con los tiros trae ceñida,
	que la puente y guarnición
	son dos culebras torcidas.
Don Pedro	¡Buen tiempo aquel! todo pasa;
	entonces la llamarían
	con mayor causa que ahora,
	a Valladolid, la rica;
	siempre que miro el sepulcro
	donde para siempre habita
	el difunto amado Conde,
	pongo en tierra la rodilla
	y le hago reverencia,
	porque fue honor de Castilla,
	por amparo de su patria
	y asombro de la morisma.
	Por amigo, y finalmente,
	porque puesto que la vida
	y el reino te debe Alfonso,
	uso también de la dicha,
	que es uso la confusión
	de Palacio, y sus altivas
	privanzas menospreciando,
	siempre legítimas hijas
	de la condición del tiempo,
	y desde lejos servía
	a su rey, como vasallo

| | leal, con que dejo escritas
ansí en las cosas humanas
como en las horas divinas,
en Valladolid memorias
que a pesar del tiempo vivan.
Por vida tuya, Lujan
que a mis cenas y comidas
me cantes ese romance. |
|---|---|
| Doña Toda | Justamente le acreditas. |
| Don Pedro | Y en pago dello te quiero
dar ahora esta sortija,
que las dádivas son muestras,
del gusto. |
| Músico | Mil años vivas. |

(Vanse los músicos.)

| Don Pedro | Habréis quedado cansada
de la caza, Toda mía. |
|---|---|
| Doña Toda | La inclinación nunca cansa
Ejercitada. |
| Don Pedro | Desdicha
fue salir el Rey a ojeo
con toda su montería,
que me obligó a darla vuelta
a Valladolid. |

(Sale el Músico.)

Músico	De misa
vuelve por aquí a Palacio
el Rey a pie, que le obliga
Valladolid este honor;
demás, de que es romería
que prometió, por un caso
que ayer en la caza misma
le sucedió, según dicen
y lleva en su compañía
toda su antigua nobleza,
viendo las cosas antiguas
que hay en la villa; si quieres
(pues nobleza te acredita)
hacer lo mismo que todos,
saldrás a tiempo.
Don Pedro	Su vista,
Lujan, está en el respeto;
mil años Alfonso viva,
que sin verle pasar quiero.
Doña Toda	Señor, ¿qué causas te obligan
a huir la cara del Rey,
siendo la nobleza misma
hija de los reyes?
Don Pedro	Toda.
Yo he vivido hasta este día
ochenta años, y me he hallado
bien con no llegar a vista
de ningún rey; que los reyes
son como el Sol, Toda mía,
a cuyos hermosos rayos
las cosas reciben vida,

                    que la dan a sus vasallos
                    los rayos de su justicia
                    pero llegársele cerca
                    es peligrosa osadía,
                    porque queman, porque abrasan.
                    Desvanecen y derriban;
                    desde lejos gozar quiero
                    sus rayos, que los que fían
                    más de sí mismos se atrevan,
                    que yo con aquesta vida
                    vivo seguro y contento
                    sin ambiciosa codicia,
                    sin esperanzas ni quejas,
                    sin desdenes ni malicias;
                    y adiós, Toda, que me voy
                    a San Esteban a misa.

(Vase.)

Doña Toda   El mismo peligro pienso
                    que tienen las que se fían
                    de la ocasión, de la sangre,
                    de sus ojos, de sí mismas;
                    líbreme el cielo de amor,
                    que si del amor me libra,
                    yo me libraré del Sol,
                    del Rey y de don García.

(Vase.)

(Salen el Rey, Ortun, Gimen, don García y acompañamiento.)

Rey   No hay en España lugar
                    que le pueda competir,

	aunque entren los que del mar
ricos pueden adquirir
grandeza particular;
que sus bellos edificios
en torres, casas y templos,
calles, plazas, frontispicios,
son de su grandeza ejemplos
y de su hermosura indicios,
y de haber visto he gustado,
a pie sus grandezas todas.
Don García	Por tálamo regalado
vuestra alteza de sus bodas
justamente le ha nombrado.
Rey	¿Qué casa es esta?
Ortun	El blasón
que sobre la puerta está,
al dueño le da opinión
de rico y noble.
Rey	Será
de rico home o de infanzón.
Gimen	El dueño della imagino
que sale de casa ahora.
Ortun	Y es un hombre peregrino.
Rey	Rico es sin duda.
Ortun	Y no ignora
al parecer.

Rey   ¿Qué camino
habría para saber
quién es? que desde el primer
día que, a mi parecer,
entré aquí, este caballero,
sin saber quién pueda ser,
veo a caballo pasar
más que otros muchos lucido
por Palacio y el lugar,
y en ningun acto que ha habido
me ha querido acompañar
ni me ha besado la mano
como los demás lo han hecho,
y no he reparado en vano
que debe de ser sospecho
filósofo cortesano.

Gimen   Si vuestra alteza me da
licencia, dél mismo quiero
saberlo.

Rey   Gimen, será
gusto para mí, que espero
que es gran hombre.

(Sale don Pedro Miago.)

Don Pedro   El Rey está
parado ahora en la calle.

Gimen   Y un criado, al parecer,
viene a ti.

Don Pedro	Quiero esperarle, Que no sé qué pueda ser.
Gimen	Respeto pone su talle.
Rey	Ya ha esperado, don García, a Gimen.
Don García	¡Con qué valor!
Ortun	¡Y con qué cortesanía!
Gimen	Bésoos las manos, Señor.
Don Pedro	Dios os guarde.
Gimen	El Rey me envía, que quiere de vos saber quién sois, y a este efecto vengo.
Don Pedro	Al Rey podéis responder que soy un hombre que tengo en mi casa de comer; y no le respondáis más.

(Hace que se va.)

Gimen	Con esa respuesta voy; no vi tal valor jamás.
Don Pedro	Decilde también que soy (que esto faltaba no más) muy leal a su poder, y muy noble juntamente

					qué es lo que más precio ser,
					y un hombre que, finalmente,
					a ninguno ha menester;
					y que estos cabellos canos
					que me nacieron sirviendo
					a su padre y sus hermanos,
					y no sirvo ni pretendo.

Gimen					Guardeos Dios.

Don Pedro					Bésoos las manos.

(Vase.)

Don García			Ya vuelve, Señor, Gimen.

Rey				¿Quién es, Gimen?

Gimen						Un Catón,
					un Diógenes, en quien
					no halló lugar la ambición.

Rey				¿De qué suerte?

Gimen						Yo llegué
					a preguntarle quien era,
					como vuestra alteza ve,
					y díjome que dijera
					(Y como aquesta se fue),
					que era un hombre que tenía
					en su casa de comer,
					leal, noble, y que no habla
					a ninguno menester.

Rey	Segura filosofía;
	con esas partes, Gimen,
	no ha menester verme a mí,
	y puede decir también
	que es más rey que yo, si ansí
	más libre goza del bien.
	Yo confieso que en mi vida
	tuve envidia si no es hoy;
	ventaja reconocida
	que tiene un cuerdo a quien soy
	si asegura su comida;
	porque en el humano ser,
	según va la edad y viene,
	no hay más dicha que poder
	decir un hombre que tiene
	en su casa de comer.
	La respuesta fue extremada,
	y el hombre, Gimen, me agrada,
	que en ella entender me dio
	que es mucho más rey que yo,
	pues que no ha menester nada;
	su nombre pienso saber
	y procurar estimar
	su persona y pretender
	sus consejos escuchar
	y su cordura aprender.
Don García	Aquí dicen que se llama
	don Pedro Miago, y que es
	hombre de nolable fama
	en Valladolid.
Rey	Después
	quede la divina rama

| | de los luceros de Dios
acabe la romería,
nos hemos de ver los dos,
yendo, Gimen, don García,
para este efecto con vos,
porque eche de ver que ansí
su persona estimo yo. |

Gimen   Creo dél, según le vi
            cuerdo y resuelto, que el no
            dará primero que el sí,
            que es hombre desta opinión,
            y rico, y llevar querrá
            por delante su intención.

Rey   Si tiene hacienda, tendrá
            para mí, Gimen, razón,
            que Palacio no es lugar
            para envidiarle, pudiendo
            sin él contentos pasar,
            en la soledad viviendo
            ricos y sin mormurar.

Don García Si, que una y otra Cartago
            de privanza, a fin medroso
            muestra en su primer estrago.

Rey   ¡Qué picado y qué envidioso
            voy de don Pedro Miago!

            Fin de la primera jornada

Jornada segunda

(Salen don Pedro Miago y Galvan, moro galán.)

Galvan   Alí Maimon, de Sevilla
Rey, deste nombre el tercero,
que guarde Alá largas lunas
como ha menester su reino;
por conciertos de amistades
trató con Alfonso el Sexto,
rey de Castilla y de León,
vuestro rey (que guarde el cielo)
casar a Zaida, su hija,
milagro del siglo nuestro,
que a faltarle Alá Mahoma
esta lo fuera en el suelo;
Si es hermosa, el Sol lo diga,
pues gobernando el imperio
de su belleza, es el Sol
virrey de sus ojos negros;
a los Abriles que están
los dos nácares vertiendo
de la hermosa Andalucía,
hurtó a la Seitia el invierno;
cortara flechas y rayos
del oro de sus cabellos
amor, si perder pudiera
a sus ojos el respeto;
de su boca olor y risa
aprende el alba y el viento,
que en vez de llorar aljófar
Ríe estrellas y luceros;
con el cristal de sus manos
compiten los once cielos,

que a su belleza cobardes
no se atreven cielo a dedo,
formando dulce armonía
en la hermosura del cuerpo
el alma bella que goza
su divino entendimiento.
Con su alteza, de Sevilla,
para este efecto, en efeto,
en su servicio salimos
los más nobles caballeros;
si te he de decir verdad,
cristiano, todos sintiendo
que Zaida lo haya de ser,
y es natural sentimiento
que en la disputa, cristiano,
de las leyes no me meto,
pues la amistad nos estorba
usar nuestros argumentos;
ya sabéis que son tan cortos
que de la lengua al acero,
con solo un antecedente
la consecuencia ponemos;
si es la vuestra más verdad,
nos hace fuerza y da esfuerzo
el ser la nuestra heredada
de nuestros padres y abuelos;
aunque en estas diferencias
Alá sabe lo más cierto,
Él nos dé luz, y haga a Zaida
que con él reine en el cielo
al fin, vistiendo los campos,
con el Abril compitiendo,
de almalafas y de plumas,
si de bengalas el viento;

engañamos a los montes,
pareciendo desde lejos
árboles que caminaban
o prados de flores llenos,
hoy fuéramos a sus ojos,
ya mirabeles, ya almendros,
si a las yeguas andaluzas
no descubrieran los ecos;
desta suerte caminamos
con varios recibimientos
de las villas y lugares,
como a su reina en efeto;
y pasando a Guadarrama
en sus peñascos soberbios
nevando plumas y tocas
anticipamos a enero,
adonde con la nobleza
castellana, Alfonso, haciendo
real lisonja a sus ojos
hizo mar de amor el puerto
y a Valladolid llegando
mostró la corte en el ciclo
desde su puerta del Campo
a su Palacio soberbio;
aquí de los alfaquíes
más sabios y más discretos
de su ley para el bautismo
enseñada fue primero;
y hoy que está catequizada,
como decís, en el templo
mayor de vuestra mezquita,
donde está el famoso entierro
de aquel valeroso Conde
que con invencible pecho

                    el sexto Alfonso sacó
                    de la prisión de Toledo,
                    la bautizan y se casan
                    juntamente casi a un tiempo,
                    que el grande alfaquí de Burgos
                    vino a la corte al efecto;
                    vuestro famoso Almirante,
                    que es espejo en años tiernos
                    de los reyes sus pasados
                    que fueron del mundo espejos,
                    y su esposa, tan hermosa
                    que por encarecimiento
                    corre parejas con Zaida,
                    que es avetitajalla al cielo,
                    de la boda y del bautismo
                    son los padrinos, haciendo
                    el Rey con esta amistad
                    segundo deudo con ellos;
                    esto es todo lo que pasa,
                    dadme licencia con esto,
                    que como estoy obligado,
                    voy al acompañamiento.

Don Pedro   Aguardad, hidalgo moro,
                    porque quiero conoceros,
                    y serviros, si es posible,
                    la merced que me habéis hecho,
                    que a términos tan hidalgos
                    como habéis tenido, quiero,
                    para serviros, deciros
                    mi nombre en sabiendo el vuestro.

Galvan   Galvan, cristiano, es el mío,
                    cuya nobleza trajeron

                    mis abuelos a Sevilla
                    de los Jeques de Marruecos;
                    vivo en Ecija, que soy
                    su alcalde en ella, aunque muero,
                    por Felisalba en Osuna,
                    a manos de mis deseos.

Don Pedro   Yo soy don Pedro Miago,
                    un honrado caballero
                    de Valladolid, tan noble
                    como el rey Alfonso el sexto;
                    vivo junto a San Esteban,
                    y no tan pobre, que puedo
                    cuando la hayáis menester
                    alguna hacienda ofreceros.
                    Lo que asistáis en la corte
                    mis caballos serán vuestros,
                    que os aseguro que encima
                    no echéis los de Ecija menos.
                    Y si queréis de posada
                    mudar, una casa tengo
                    que puede el Rey envidiarla,
                    y no digo mucho en esto.
                    Y advertid que estos no son
                    cortesanos cumplimientos
                    de los que en la corte usan
                    tornasoles caballeros;
                    que soy don Pedro Miago,
                    hombre de chapa, y que tengo
                    mi palabra por verdad,
                    mi nobleza por espejo
                    porque es de Dios apellido
                    y ansí le tiene en el cielo
                    y el caballero, Galvan

| | que no se preciare dello,
ni es honrado ni es cristiano,
valiente ni caballero. |
|-----------|---|
| Galvan | ¡Qué valeroso cristiano!
¡Qué palabras! ¡Qué gran pecho!
¡Qué aspecto! Su Cid no pudo
ser más, ni él pudo ser menos.
Por Alá que no he envidiado
castellano caballero,
ni cristiano si no es este.
Que me ha admirado confieso.
Llega esa yegua, Celin,
Aquí. |

(Vase.)

(Sale el Almirante de Castilla, mozo.)

Almirante	En vuestra busca vengo.
Don Pedro	Señor, ¿vuecelencia a mí
viene a buscarme, pudiendo
con un criado mandarme
que a servirle fuese?
Almirante	Debo
a la sangre que tenéis
mucha más, señor don Pedro;
y no es mucho que yo os busque,
Si el Rey, soberano dueño,
no puede acabar con vos
que le visitéis.

Don Pedro	Prometo
a vuecelencia, que soy
desque nací, y ya soy viejo,
de tan contraria opinión,
de tan cortos pensamientos
en las cosas de Palacio
que ni gusto, ni me atrevo
a entrar en ellos jamás,
que hay laberintos en ellos
que enredarán al más sabio
y perderán al más cuerdo;
yo estoy ya viejo y cansado
quizá de servir mancebo
contra las lunas alarbes
a su padre y a su abuelo;
y la verdad y la espada
desnudas siempre estuvieron
para servir a mi rey
en mi mano y en mi pecho;
y no quiero entrar ahora
a escuchar a lisonjeros,
que con verdades vestidas
y espadas están sirviendo;
que soy hombre mal sufrido,
y no estoy ahora en tiempo
de granjear enemigos;
al fin condición de viejos.

Almirante	Señor don Pedro Miago,
si por Almirante puedo
de Castilla con vos algo,
me habéis de honrar con los deudos
de mi casa en el bautismo,
velacion y casamientode los reyes.

Don Pedro	Vuestro soy, y por orden vuestra quiero besalle a Alfonso la mano.
Almirante	Estimo, señor don Pedro, como es razón, la merced que me hacéis.
Don Pedro	Vuestros abuelos y vuestros padres han sido como vos siempre mis dueños, y quiero que mi señora la Condesa, en nombre vuestro, dé a doña Toda, mi hija, por dama a la Reina.
Almirante	Espero del Rey muy grandes albricias, y hará la Condesa en eso muy gran lisonja a su alteza.
Don Pedro	Aunque yo casarla puedo muy bien en Valladolid, conozco, Señor, que pierdo, no metiéndola en Palacio, diferentes casamientos adelantando mi casa, y que me quito con esto el cuidado de guardarla.
Almirante	Ha sido prudente acuerdo. Prevéngase mi señora

	doña Toda, porque luego
va por ella la Condesa.
Don Pedro	Mil veces las manos beso
a vuecelencia, Ya voy.
Almirante	Pues en Palacio os espero.
Don Pedro	El caballo al Almirante.
Almirante	Subid, don Pedro, en el vuestro.
Don Pedro	Servir de caballerizo
a vuecelencia pretendo.
Almirante	No habéis de pasar de aquí
por la fe de caballero.
Don Pedro	En todo, como es razón,
a vuecelencia obedezco.
Almirante	Haceisme merced.
Don Pedro	Yo sirvo
poco para lo que debo.

(Vanse cada uno por su puerta.)

(Sale el Rey y don García.)

Rey	No he visto mayor belleza
después que reino, García.
Don García	Ya vuestra alteza algún día,

	si se acuerda vuestra alteza, dijo por otra mujer el mismo encarecimiento.
Rey	Son accidentes que el viento suele llevar y traer; pero en las propias, García, es verdad, y no accidente que se dice y que se siente. Más acuérdame qué día, que no me puedo acordar.
Don García	Yo (que no me olvido) sí, aunque entonces lo encubrí y hoy no lo puedo negar, que hoy manda que lo pregone mi ingratitud y mi queja, ya que otro bien no me deja, vuestra alteza me pregone, pues le llego a confesar hoy toda la culpa mía.
Rey	Mentiras de amor, García, dignas son de perdonar, pues no hay en el mundo amante que no las diga en rigor al amigo o al señor. ¿Quién ha entrado?
Don García	El Almirante.

(Salen el Almirante y don Pedro Miago.)

| Rey | Seáis, primo, bien venido; |

	muy galán venís.
Almirante	No es día
hoy de menos alegría,
que a poder venir vestido
de planetas y de estrellas
que galas del cielo son,
fueran en esta ocasión,
señor, pocas todas ellas,
ni de Sol la maravilla
para tan dichoso empleo.
Rey	Es tan gallardo deseo
de Almirante de Castilla.
Almirante	Mas ya que imposible sea
hoy con don Pedro Miago,
a vuestra alteza le hago,
pues su persona desea,
mayor presente.
Rey	Almirante,
solo vos podéis hacerlo;
holgara de liablarlo y verlo.
Almirante	Pasad, don Pedro, adelante,
y besad al Rey la mano.
Don Pedro	Deme los pies vuestra alteza.
Rey	Vuestro valor y nobleza,
nuevo Catón castellano,
merece mejor lugar;
alzad.

| Don Pedro | Vuestra mano espero,
y seréis el rey primero
a quien la llego a besar;
mas la que beso, Señor,
cuando por rey no lo hiciera,
por horadada pudiera,
pues tuvo tanto valor
que fuera de ser nombradas
hazañas por justa ley,
parecen bien en un rey
manos, Señor, horadadas;
que manos que no lo están
siempre mercedes haciendo,
no son de rey. |

| Rey | Yo pretendo
que del nombre que me dan
en Castilla, eso se entiende. |

| Don Pedro | En eso imitan a Dios
los reyes. |

| Rey | No hay, cosa en vos
que no me admire y suspenda;
viéndoos estoy espantado,
oyéndoos hablar me admiro,
y en vuestra persona miro
todo un romano senado;
así debió ser Tiberio,
Oton y Severiano,
Nerva, Antonino y Trajano,
dueños justos de su imperio;
no pudistes, Almirante,

	darme más gustoso día.
Almirante	Pues de su alteza podía contar favor semejante la Condesa, que le ha dado a su hija doña Toda.
Rey	Agüeros son que a mi boda el gusto han acrecentado.
Don Pedro	Señor, mire vuestra alteza que tengo la condición de diferente opinión; tráteme con más llaneza que eso parece aprendido, bien me podéis perdonar, de los que os suelen estar lisonjeando al oído; y soy un hombre tan claro, que os hablo desta manera, con humor para allá fuera, grosero en fin.
Rey	¡Hombre raro!
Don Pedro	No soy hecho al uso yo, y Palacio ha menester hombres de otro proceder, que a mi el cielo me crió como todos son testigos, bronco, y más en esta edad, amigo de la verdad. Que tiene pocos amigos; y es imposible acertar

	con estas faltas aquí.
Rey	¡Tan notable hombre no vi!
Don Pedro	Mi casa es mi muladar; canto allí porque no tengo quien me contradiga en nada; pero en casa que es posada de tantos, ni voy ni vengo, que todos quieren cantar; canten muy en hora buena, aunque hay gallo que es sirena y no se debe escuchar.
Almirante	Pues tan bien entretenido a vuestra alteza le dejo con quien puede ser espejo de Castilla, si es servido, voy entre tanto a saber su alteza en que estado está.
(Vase.)	
Rey	Id primero, pues sabéis ya lo que en todo se ha de hacer.
Don García	Yo voy con el Almirante, para volver con la nueva confieso que amor me lleva, mas no voy ciego, aunque amante, porque donde la elección votó primero que el caso, como no ha de obrar acaso va con ojos la razón.

(Vase.)

Rey A solas nos han dejado.

Don Pedro Parece, Alfonso, que medro
ya con lances de privado,
que es lo que menos procuro.

Rey No es sino honrar esas canas
de las coronas rumanas
merecedoras.

Don Pedro Yo os, juro
por la fe de hijodealgo,
que si me hacéis merced tanta,
no vuelva a veros.

Rey Ya espanta
tanta esquivez.

Don Pedro Yo no valgo
para otra cosa, Señor,
que para desengañaros
con verdades, y cansaros
con vejeces.

Rey No hay valor
para pagar lo primero.

Don Pedro Pues eso es lo que sé hacer.

Rey Y lo que yo he menester.
Acabad, sentaos, que quiero

                    saber de vos más despacio.

Don Pedro   Harélo, porque sería
                    incurrir en grosería,
                    como dicen en Palacio.
                    Y pues de mí es vuestro intento
                    saber, y nadie de mí
                    podrá hablar mejor aquí
                    que yo mismo, estadme atento.
                    Yo soy de Nuño Rasura
                    legitimo descendiente,
                    que fue en un tiempo en Castilla
                    uno de sus dos Jueces.
                    Tuvo mi apellido origen
                    desde mi abuelo, a quien siempre
                    Garci Fernández, el conde,
                    hizo notables mercedes,
                    pues teniéndolos cercados
                    los moros de Benavente
                    en una puente de un río
                    sin ir ni poder volverse,
                    con otros treinta cristianos
                    dió tan valerosamente
                    en ellos, que algunos moros,
                    con el temor de la muerte,
                    saltaban a su pesar
                    al río desde la puente,
                    y ayudándole su Conde
                    le animaba desta suerte.
                    —Ánimo, Pedro Rasura;
                    no desmayes, rompe, hiere,
                    que por tu ley y tu Conde
                    haces lo que al cielo debes.
                    «Por mí hago, por mí hago»;

respondió al Conde tres veces;
y apretando bien la espada
y con la espada los dientes,
dió de manera en los moros
que puso fuera del puente
al conde Garci Fernández,
dándoles por donde huyesen
otro de plata más ancho,
si así a quien huye parece;
quedósele desde entonces
llamarle en Castilla siempre
por mí hago, y corrompióse
después en los descendientes,
quedando perdido el por
con Miago solamente;
y en Búrgos, la casa antigua
que deste tronco desciende,
mi padre, Nuño Miago,
los mismos pasos pretende
seguir que su padre, y yo
los de entrambos juntamente;
porque apenas bien mis años
cumplido los diez y siete,
cuando vio sangre esta espada
de los moros cordobeses;
maté en campal desafío
al alcaide de los Velez
entre Granada y Sevilla;
di libertad a dos Jeques
melionenses de nación,
que ellos llaman matasiete,
y no han gobernado alfanjes
tan valientes melioneses;
págáronme los rescates

con más balajes que vierten
perlas los ojos del alba,
cuando en el Sur amanece;
en la vega de Jaén,
a pesar de sus valientes
moros, dejé tremolando
una banderola verde,
cuatro veces aguardando
que alguno al campo saliese
a castigar la osadía
de sus Tarfes y Gomeles;
hizo treguas vuestro padre
Fernando, el rey, que Dios tiene,
y retireme a la corte,
que era Burgos al presente
la ociosidad y los años,
ella mucha y ellos verdes,
padres de amor, me inclinaron
a que una dama sirviese
de la reina vuestra madre,
que Dios haya para siempre,
que me obligó que a la edad
lo que era debido diese;
di libreas a mis pajes
de sus colores, y alegres
galas a mis esperanzas,
casando lo negro y verde;
hice cifras de su nombre,
motes escribí y papeles,
músicas le di y al aire
suspiros y martinetes;
desempedraba a carreras
el terrero, solo siempre,
loco, a caballo y amante,

que el que ama cuerdo, no quiere;
lloré, adoré, porfié,
vencí al fin, que las mujeres
más hacen por la porfía
que por amor muchas veces;
diole licencia sus padres,
Fernando, para poderse
desposar conmigo, en tiempo
que él en persona pretende
ganar a Valladolid,
y yo de Burgos ausente,
apercibiendo mis bodas
volví a Burgos, y caseme,
porque jamás en mi vida
mano a rey besar pudiese;
contar, Alfonso, las galas,
los saraos, los banquetes
que se hicieron en mis bodas,
Es cansar, y son vejeces;
tuvo el conde Peranzures
con el Rey tan buena suerte,
que a Valladolid le dió
ganada a sus pies en breve;
deste lugar la hermosura
me obliga a que Burgos deje,
y que por Valladolid
el antiguo solar trueque;
compré tierras, labré casas,
que con justa causa pueden
competir con el palacio
que en ella gozan sus reyes
enviudé de doña Blanca,
quedando de nueve meses
toda, en los brazos del ama;

sentí en el alma su muerte,
y aunque no era viejo entonces,
no determiné el volverme
a casar, porque el casar
no es cosa para dos veces.
Traté en público y secreto
mi persona noblemente,
no siendo esclavo jamás
de dinero que tuviese.
Adelanté mis criados,
siempre haciéndoles mercedes;
doy limosna cada día;
favorezco a mis parientes,
hago bien a mis amigos,
el bien que hice hallé siempre.
No pretendo, hablo verdad
no mormuro, y finalmente,
voy previniendo la vida
para el día de la muerte.
Esta es la causa, Señor,
que me aparta de los reyes,
porque busco la quietud,
ya que ninguno la tiene.
Esto he sido y esto soy,
Y esto he de ser, si viviere,
siendo el primero en el mundo
que con su estado esté alegre.

Rey   Los que más poder tenemos,
ese estado no alcanzamos.

(Sale don García.)

Don García   Ya aguarda su alteza.

Rey	Vamos.
Don Pedro	Bien veis que no son extremos, con esto que habéis oído lo que he dicho y lo que hago.
Rey	Solo don Pedro Miago a la fortuna ha entendido.
Don Pedro	Es ciencia, que a la verdad solo mi experiencia enseño.
Rey	¡Ay, hermosa Zaida! dueño de toda mi voluntad.

(Vanse.)

(Sale Berrueco, vestido de moro, gracioso.)

Berrueco	Linda invención imaginé para entrar en el bateo, porque ver cosa deseo que pocas veces se ve haréme de los parientes que con la Reina han venido, con ellos entremetido, poco hablando y entre dientes, que parezca algarabía; si alguno me conociese, que a lo que al rostro se ofrece, parece de Berbería; las sábanas de la cama y el bonete de mi tío

                        con que duerme cuando hay frío,
                        y aqueste como se llama
                        ciega yernos u almaizar,
                        frazada, o que es quisicosa,
                        que a mi figura espantosa
                        Le sirve de capellar
                        Esta adarga y esta lanza
                        que en cas de mi amo he cogido,
                        que de molde me ha venido
                        para lograr mi esperanza.
                        ¡Si ansí me viera Teresa,
                        qué de melindres haría!
                        Yo es malo ser moro un día
                        si es novicio y no profesa;
                        no me conocerá ansí
                        el padre que me parió,
                        y estoy por decir que yo
                        otro moro viene aquí.

(Sale un Moro.)

Moro   Alá Zaleima.

Berrueco   Y ahora,
                        ¿cómo le he de responder?
                        Animo, ¿qué se ha de hacer?
                        Apenas, moro, habrá un hora
                        que soy moro, y ansí sé
                        poco de la algarabía;
                        yo habré aprendido otro día
                        con que responder podré.

Moro   No eres moro, eres cristiano.

Berrueco	Moro Azi, cristiano soy, que en cristiano engerto estoy y soy moro regoldano; perdóneme Dios si peco.
Moro	¿Veniste con Zaida?
Berrueco	Sí.
Moro	¿Y cómo te llamas, di?
Berrueco	El moro Pedro Berrueco.
Moro	Ese no es nombre de moro andaluz.
Berrueco	Soy de Sayago.
Moro	¿Sirves?
Berrueco	Don Pedro Miago es amo mío, y adoro a la hermosísima mora Teresa Gil.
Moro	Tú has querido burlarme.
Berrueco	Moro he nacido como tú.
Moro	No voy ahora, ni estoy de ese parecer. A entretenerme contigo,

| | que a Galvan mi dueño sigo
cuya yegua he de tener,
y ya empiezan a apearse,
ansí lo dice el rumor
en la mezquita mayor
adonde ha de bautizarse
Zaida, y desposarse el Rey. |
|---|---|
| Berrueco | Hasta hoy no supe que había
lacayos de algarabía.
¿Hay Galicia en vuestra ley? |
| Moro | ¿Qué dices? |
| Berrueco | Que vayas, digo,
donde aguardándote está
tu amo. |
| Moro | Guárdete Alá. |
| (Vase.) | |
| Berrueco | Mahoma vaya contigo;
de la primer aventura
que he salido bien sospecho;
moro soy hombre de hecho,
no hay ánimo sin ventura;
la música suena ya,
ir a entremeterme quiero;
temiendo voy al perrero,
dél quiera librarme Alá. |
| (Vase.) | |

(Salen de moros y cristianos toda la compañía; la Reina, de mora, llevándola de la mano el Almirante, EL Rey a la Condesa, todas las damas. Éntranse los cristianos por una parte, que es la iglesia, y los moros se quedan a la puerta, de rodillas.)

Galvan	No nos permite pasar de aquí nuestra ley.
Rey	Con vuestros ritos. Cumplid.
Galvan	¡Oh Cid, Alfonso, en tierra y en mar inmortal tu fama viva, y de Zaida te dé el cielo hijos para honrar el suelo español, de cuya altiva fortuna llegue a envidiar todo cuanto el orbe encierra, siendo Martes en la tierra, y Neptunos en el mar.
Rey	Guárdeos el cielo.
Zoraide	A ti Lela, bella reina de Castilla, y del mundo maravilla, la fama que siempre vuela, privilegie, y larga edad goces, Alfonso.
Rey	Alá os guarde, y en alumbraros no tarde con el Sol de la verdad, que hoy me nace el Sol a mí

	y yo comienzo a nacer.
(Vase.)	
Zoraide	Y a ti, divina mujer, hija de Alá, que de ti forma el cielo tu hermosura, como a mi Mahoma adoro.
Doña Toda	No sé lo que dices, moro.
Zoraide	Basta el verte por ventura.
Doña Toda	No hay cosa en el mundo, moro, que pueda dármela a mí, de aquesto te satisfago, y no es mucha maravilla, si soy hija de Castilla y de don Pedro Miago.
(Vase.)	
Galvan	Bendido, Zoraide, estás.
Zoraide	Muero por esta inhumana, porque no he visto cristiana de tantas partes jamás.
Galvan	¿A quién? ¿A mí? Aguarda, espera, que a nada me sé excusar.
Zoraide	Gazul, ¿con quién está hablando Galvan?

Gazul   Si no está soñando,
sin seso debe de estar.

Zoraide   ¡Galvan, Galvan!

Galvan   Ya te sigo.

Gazul   Galvan, aguarda.

Galvan   Si haré,
y tus pasos seguiré,
y iré al infierno contigo.
Aguarda, moro arrogante,
que tu soberbia me abrasa
el pecho.

Zoraide   Galvan.

Gazul   El pasa
con su locura adelante.
¿Qué le ha sucedido ahora?

Galvan   Ya que me llamaste, aguarda
¿Qué novedad te acobarda
de la noble sangre mora?
Si la tienes, ¿no te dan
voces? ¿porqué te detienen
las obligaciones?

Abdelmon (Dentro.)   ¿Vienen
muchos contigo, Galvan?

Galvan   Volveranse; aguarda, espera.

Zoraide ¿Hablaron?

Gazul Zoraide, sí;
mas no se ve quién aquí.

Zoraide ¿Qué es esto., Galvan?

Galvan Quisiera
que no me hubieras seguido,
que un moro arrogante y fiero,
la mano en el corvo acero,
de pardas pieles vestido,
de color de los que nacen
en la mayor Etiopia,
y que de su sangre propia
inhumano manjar hacen,
como a campal desafío
me llamó; todos pudistes
verle; decid, ¿no le vistes?

Gazul ¡Qué gracioso desvarío!

Galvan ¿No vistéis cuando me habló,
y cuando yo le seguí?

Zoraide No hemos visto más que a ti
sola la voz se escuchó.

Galvan A la mezquita volvamos.

Zoraide Notable suceso ha sido.

(Sale Berrueco riñendo.)

Berrueco	Yo soy moro bien nacido, / y los nobles no dejamos / atreverse a nuestro honor / perrero ni sacristán.
Gazul	Este ese el moro, Galvan.
Berrueco	Y porque de mi valor, / hoy se conozca el valor, / a los dos, como están juntos / con bodigos y difuntos, / a campal batalla reto; / rétoles el pan y el vino.
Galvan	Pues con adarga y con lanza / ha vuelto, él tiene esperanza / de empresa.
Zoraide	¡Qué desatino!
Galvan	Dejadme llegar.
Berrueco	Yo soy...
Galvan	¿Qué has de ser, moro arrogante? / A embrazar la adarga de ante, / y a empuñarla lanza voy, / y por Alá que he de hacerte / hoy de mi valor capaz.
Berrueco	Moros, moro soy de paz, / tan medroso de la muerte, / que me purgaré mil veces / por no morirme una vez;

	con un perrero soez
	que me dio como unas nueces
	pan de perro, por ser moro,
	y a un sacristán que le dió
	ayuda, las tengo yo,
	que yo no os pierdo el decoro,
	que todos somos parientes
	y aquí estoy arrodillado.
Galvan	Por Alá que me he engañado.

(Sale don Pedro Miago.)

Don Pedro	¿Qué es esto, moros valientes?
	¿Por qué de Galvan el eco
	escuché aquí?
Berrueco	Si me quieres
	bien, dame ayuda.
Don Pedro	¿Quién eres,
	di?
Berrueco	El moro Pedro Berrueco,
	porque me intentan picar
	como a pollo en corral nuevo,
	estos moros.
Don Pedro	No me atrevo,
	ignorante, a asegurar
	que eres tú. ¿Quién desta suerte
	te ha puesto?
Berrueco	Pensé poder

                        de moro la fiesta ver,
                        pero no hay cosa en que acierte
                        un desdichado, que solo
                        porque estando en un pilón
                        la Reina, desde un rincón
                        respondí dos veces bolo,
                        el sacristán y el perrero
                        con el hisopo y azote
                        me hicieron salir al trote;
                        a mi ley volverme quiero
                        y confesarelo al cura:
                        bien me podéis perdonar,
                        que me voy a desnudar
                        para hacer otra figura.

(Vase.)

Don Pedro   ¡Notable ignorancia ha sido!

Galvan   Engañonos, entendiendo
                       otra cosa.

Don Pedro   Yo pretendo
                       serviros, y ansí he venido
                       a entreteneros, en tanto
                       que la velación se acaba,
                       que ya con agua quedaba
                       Zaida de Espíritu Santo,
                       trocando el Zaida en María
                       y como era justa ley,
                       a solo este efecto el Rey
                       valientes moros me envía.

Galvan   Alfonso nos honra, y tanto,

                como Alfonso tu persona,
                que con esto su corona
                hasta los cielos levanto.

Don Pedro   Serviros, Galvan, pretendo,
                como vuestro amigo alcaide.

Zoraide   Cristiano, yo soy Zoraide.

Don Pedro   El valor que tenéis veo,
                y holgaré que me mandéis.

Zoraide   Hoy que se ofrece ocasión,
                quiero que en obligación
                me pongáis.

Don Pedro   Mandar podéis,
                que no os entiendo hasta ahora.

Zoraide   Una hija que os dió el cielo
                para milagro del suelo,
                por su Alá el alma la adoro;
                esta mañana la vi
                en Palacio, y me dejó
                con el alma que me dió
                sin la vista que le di;
                que amor, que no sufre espacio
                tan presto empezó a rendirme.

Don Pedro   Ya comienzan a venirme
                pesadumbres por Palacio.

Zoraide   Copiosa es la hacienda mia,
                bien saben los de mi ley

             que no hay moro, sin ser rey,
             tan rico en Andalucía.
             De oro cubriré su estrado,
             y en sus albas sin verterlas,
             verá el cristiano más perlas
             que el Sur y el Norte han llorado.
             Por las esteras de juncos
             que solemos fabricar,
             alfombras ha de pisar
             de topacios y carbuncos.
             Alcaide soy de Carmona
             y de los reyes pariente
             de Sevilla y descendiente.

Don Pedro   Vuestra gallarda persona,
             moro, os acredita tanto,
             que no es menester decirlo;
             vuestro valor maravillo,
             que dar puede honor y espanto
             a la andaluza nobleza
             mas pésame no poder
             serviros, que la mujer
             que me pedís, no hay empresa
             en toda Arabia que pueda
             casarla (aunque fuera el Rey)
             con quien no tenga su ley
             y ella de su padre espera
             lo que hasta a despreciar
             al mismo rey de Sevilla
             y no usamos en Castilla
             los caballeros casar
             nuestras hijas con los moros,
             que aunque los reyes lo hagan,
             no importa, porque no estragan

| | a sus reales decoros
ellos con cosa ninguna;
que a la alteza de los reyes
aun no se atreven las leyes
del tiempo ni la fortuna.
Y para Toda, en Castilla
Más precio un noble cristiano
que de Zaida el mismo hermano,
que es príncipe de Sevilla. |
|---|---|
| Zoraide | Por Alá, que esa respuesta,
cristiano, que merecía... |
| Don Pedro | Ninguno tenga osadía
con la lengua descompuesta,
Abarbes, ni con la espada,
que, vive Dios, que si empuño,
la espada que fue de Nuño
Miago, en sangre bañada
quizá de vuestros abuelos,
que no me quede, advertid,
un moro en Valladolid. |
| Gazul | Mátale, Zoraide. |
| Zoraide | ¡Cielos!
¿Un cristiano ha a de tener,
y viejo, tanta osadía? |
| Galvan | Tente, Zoraide: desvía,
cristiano. |
| Don Pedro | El Rey viene a ser
la tregua desta pendencia, |

                        y el freno de mi valor.

(Sale el Rey.)

Rey   ¿Qué es esto?

Don Pedro   Nada, Señor.

Rey   ¿A mi vista, en mi presencia,
                        desnudos tantos aceros?
                        ¿A qué efeto se sacaron?

Don Pedro   Sus espadas me enseñaron
                        estos moros caballeros,
                        y son notables.

Rey   Tomad
                        de la mano a la Condesa.

(Sale el mismo acompañamiento que entró.)

Don Pedro   Ser su escudero profesa
                        mi sangre y mi voluntad.

Condesa   Yo estimo en mucho el favor.

Rey   Venid hermosa María,
                        Luz del Sol y luz del día.

María   Soy vuestra esclava, Señor.

Rey   Vos sois de mi pensamiento
                        señora, y el dueño mio.

María Ansí, Alfonso, lo confío.

Rey Ande el acompañamiento.

(Vanse los moros por un palenque, y los cristianos por otro.)

Fin de la segunda jornada

Jornada tercera

(Salen don Pedro Miago y Galvan.)

Don Pedro Galvan, seáis mil veces bien venido.

Galvan Esta es la mano de Zoraide, y vengo
a pedirle del yerro cometido
que le perdones.

Don Pedro A ventura tengo,
aunque estaba, por Dios, muy ofendido
que me mandéis, que los hidalgos modos
de vuestro proceder, mucho merecen
entre los nobles españoles godos.

Galvan Zoraide y yo las vidas os ofrecen.

Don Pedro No habléis más, yo tengo de serviros,
sin que penséis que son ofrecimientos
aunque no era razón desto advertiros,
pues que sabéis quién soy; aqui y ausente,
siempre que me mandéis he deserviros;
yo sé que jugáis cañas, y al presente
que de caballos falto estáis, y quiero
para serviros, que os sirváis de veinte
tan resueltos y airosos, que yo espero
que no los tiene el Rey, Galvan, mejores
ni en León ni en Castilla caballero;
y otros tantos jaeces de colores
diversos melionenses, de pinceles
estrellados de perlas y rubíes,
que sirven de jazmines y claveles
entre turcos baxges y alelíes,

	ganados por mis manos de intieles.

Galvan   A la merced, cristiano, que me haces
              me prometo salir el más lucido;
              si entras a ver al Rey, no te embaraces
              conmigo más, que yo buscarte intento
              en tu casa.

Don Pedro   Mi pecho satisfaces
              con mandarme, Galvan, sin cumplimientos

Galvan   Guárdete Alá, cristiano valeroso.

(Vase.)

Don Pedro   Él prospere, Galvan, tu pensamiento.

(Salen el Rey y don García.)

Don García   De verte el Rey aguarda deseoso.

Rey   Don Pedro, ¿era ya tiempo conveniente
              de ver a los amigos?

Don Pedro   Yo soy vuestro
              esclavo, y lo he de ser eternamente;
              algo en aquesto de lisonja muestro,
              palacio se me pega poco a poco,
              yo saldré, dél a mi pesar maestro.
              ¿Esclavo dije? digo que estoy loco.
              La verdad es que soy vuestro criado,
              aunque no lo pensé decir tampoco,
              que no ha de decir más un hombre honrado
              de lo que es la verdad. Bien se me luce

	las pocas veces que en Palacio he entrado
	aunque a notables cosas se reducen
	los que en alguna una costumbre han hecho,
	y lisonjas más fácil se introducen.
Rey	Tenéis de noble castellano el pecho,
	y la verdad desmida en todo estado
	mas que la adulación me ha satisfecho.
Don Pedro	Plutarco Quironense le ha igualado
	con el representante al lisonjero,
	que siempre en la comedia da al Senado
	a entender con semblante verdadero
	lo que no siente con el alma él mismo
	de falsos pensamientos pregonero.
	Y otro sabio también, que el mar abismo
	de Palacio surcó, sin ser su centro,
	llamaba a la lisonja gargarismo,
	porque no pasa de la boca adentro;
	y yo la llamo humana hipocresía,
	que sale a recibir siempre al encuentro
	al gusto, a la vulgar cortesanía,
	a la ambición, a la desconfianza,
	a la soberbia y vana idolatría;
	Pero metamos otra cosa en danza,
	que cansa hablar en una misma cosa.
Don García (Aparte.)	Yo voy encaminando mi esperanza.
	¡Ay, noche alegre, noche venturosa!
	Dame favor con Toda, que sospecho
	que eres mi luz siendo la suya hermosa
	bien sé que su belleza no merezco;
	pero bien sabes lo que amando a Toda
	con suspiros y lágrimas padezco.

Rey / Déjanos solos, García.

Don García / Que ha adivinado el Rey creo
lo mismo que yo deseo;
¡Pasa, perezoso día,
y llega, noche dichosa,
porque salga en ti mi Sol,
que del ocaso español
harás alba más hermosa!

(Vase, y siéntanse el Rey y don Pedro.)

Rey / Hoy quiero tomar de vos,
Don Pedro, un consejo, y quiero
como amigo verdadero,
que me le deis.

Don Pedro / Vive Dios,
que lo que fuere verdad
no más os he de decir.

Rey / Eso es lo que quiero oír.

Don Pedro / Decid ahora.

Rey / Escuchad:
a mí se me va ofreciendo
una forzosa ocasión
de guerra, en quien siempre son...

Don Pedro / Ya voy, Señor, entendiendo.

Rey / Los dineros necesarios,

                    que aunque me ha dado en Castilla
                    mi suegro, rey de Sevilla,
                    villas y presentes varios
                    para dote de la Reina,
                    cuya virtud es tesoro
                    que estimo yo más que el oro
                    que el Sol en Arabia Peina,
                    hallome tan alcanzado
                    de la guerra el casamiento,
                    que no es nada, y ansí intento
                    deste arbitrio que me han dado
                    usando en esta ocasión,
                    y es más fácil de adquirir,
                    a cada hidalgo pedir
                    de Castilla y de León
                    un maravedí no más
                    cada mes con que podré
                    la guerra tener en pie
                    sin necesidad jamás;
                    que ya veis que ha menester
                    siempre dinero el soldado

(Vase levantando don Pedro.)

Don Pedro   Quien este arbitrio os ha dado
                mal os debe de querer;
                quien esa infamia y bajeza
                os aconseja, Señor,
                el enemigo es mayor
                que conoce vuestra alteza.
                No debe ser caballero
                ni adulador cortesano
                sitio cobarde y villano
                que pasa de lisonjero.

              Los hidalgos de Castilla
              y de Leó no han pagado
              pecho jamás, aunque han dado
              con hidalga maravilla,
              y eternamente lo han hecho
              en todas las ocasiones,
              a su Rey los corazones
              antes que a ninguno un pecho
              que como nobles vasallos
              a las alarbes saetas,
              dardos, lanzas y ginetas,
              pechos dan por no pagallos.
              Y yo he de ser el primero
              que esto defienda, Señor;
              perdonad, que es vuestro honor,
              y por él morir espero;
              porque conservar procuro
              la nobleza que heredaron
              mis padres, y me dejaron.
              Esto digo, y esto juro,
              puesta la mano en la espada,
              porque no hay sangre, Señor,
              vieja, en llegando al honor,
              que esté helada siendo honrada.
              Y, vive Dios, que es y ha sido...

Rey   Basta, don Pedro, por Dios,
              que no os pido campo a vos,
              que solo consejo os pido.

Don Pedro   Esto es, Señor, solamente
              la verdad y mi consejo,
              que ya yerro como viejo;
              dadme licencia, y aumente

	el cielo vuestro poder,
	que en mi casa estoy mejor
	para serviros, Señor,
	donde a nadie he menester.

Rey   Volved.

Don Pedro   Vuelvo a obedeceros
             como tengo obligación,

Rey   Dadme esos brazos, Catón
             de España, cuyos aceros
             que el moro ha visto teñir,
             cuya verdad a las leyes,
             a la nobleza, a los reyes,
             de espejo pueden servir.

Don Pedro   Solo este agradecimiento
             que a mi voluntad se haga
             quiero por premio y por paga;
             y porque veáis que intento
             serviros no solamente
             con los consejos, yo quiero
             prestaros (pues el dinero
             os hace falta al presente)
             treinta mil doblas en oro,
             con que la guerra intentéis,
             que vos me los pagaréis
             de los depojos del moro.
             Vayan unos contadores
             mañana a casa por ellas,
             que no contarán en ellas,
             aunque vayan los mejores,
             los deseos de serviros.

Rey	No sé con qué agradeceros servicio igual.
Don Pedro	Socorreros es grande, pero advertiros de la verdad, es mayor: que hay mil hombres con dineros, y muy poco., verdaderos; y este es natural amor.
Rey	La Reina viene, y el día con sus ojos juntamente de quien el alma es Oriente.

(Sale la Reina.)

Reina	¿Señor?
Rey	¡Oh, Señora mía!
Reina	¿Cómo ha estado vuestra Alteza?
Rey	Como quien sin vos está, porque la vida me da presente vuestra belleza, y muero ausente de vos.
Reina	Bien os venga mi deseo, Alfonso, cuando no os veo.
Don Pedro	Viváis mil años los dos en esa conformidad.

Reina	¿Don Pedro?
Don Pedro	Dadme esa mano Sol de España soberano.
Rey	Conde de Tudela, alzad.
Don Pedro	¿Quién es conde de Tudela, que no hay otro que yo aquí?
Rey	Vos, don Pedro.
Don Pedro	Si de mí no habéis sido con cautela ni con lisonjas servido, ¿por qué me pagáis tan mal?
Rey	Pues no es de honraros señal esto?
Don Pedro	Por merced os pido que de esa suerte excliséis honrarme, yo estoy contento con ser lo que soy, que intento con la merced que me hacéis huir siempre la ocasión de empezar a desear, que es ansia que suele dar sed eterna a la ambición; y no hay mayor enemigo que nuestro propio deseo, y este mal que venir veo quiero con vos y conmigo desta manera atajar,

              alegre y desengañado
              que el más venturoso estado
              es vivir sin desear.
              Del favor me satisfago;
              pero no puede, Señor,
              darme nada más valor,
              que ser don Pedro Miago.

Rey   Vos sois el hombre primero
              que se ha sabido vencer.

Don Pedro   Alfonso, este parecer
              es seguro, aunque grosero
              vos tenéis nobles criados
              en quien poder emplear
              títulos, y aventajar
              sus pensamientos honrados
              que yo mi quietud no más
              estimo; y en conclusión
              siempre pienso en ser mirón;
              tomar el naipe, jamás;
              porque esta fue la primera
              intención con que entré aquí;
              de vos nú deseo en mí
              sola esta merced espera,
              pidiéndoos que me mandéis
              cosas de vuestro servicio.

Rey   Dado habéis bastante indicio
              en aquese que me hacéis,
              más otro espero, por vida
              de la Reina, que me hagáis,
              sin que excusaros podáis.

Don Pedro	Mande vuestra alteza, y pida, que me obliga el juramento.
Rey	Que juguéis quiero las cañas, porque con vuestras hazañas y vuestra persona intento honrar la fiesta.
Don Pedro	Aunque estaba disculpado por la edad, haré vuestra voluntad; pero no se me acordaba, que a Galvan (de Ecija alcalde) di caballos y jaeces, cosa que infinitas veces hago.
Rey	No importa, que Zaide, el rey de Alcalá, me envía algunos, con que no harán los que distes a Galvan falta.
Don Pedro	La voluntad mía, segura tenéis con eso, y dadme licencia ahora, que pienso, Señor, que es hora.
Rey	Que es muy de noche confieso, y os he desasosegado del órden con que vivís.
Don Pedro	Yo confieso que decís lo que siento en sumo grado,

| | puesto que, para serviros
algo se ha de aventurar. |
|---|---|
| Reina | ¡Qué poco sabe adular! |
| Don Pedro | Por merced quiero pediros... |
| Rey | Pedid, pedid, que por Dios
de hacer cuanto me pidáis.
¿No respondéis? ¿qué dudáis?
Amigos somos los dos. |
| Don Pedro | Que me llaméis pocas veces,
porque es desacomodarme
de mi quietud, y sacarme
a cansaros con vejeces. |
| Rey | Don Pedro, no os puedo dar
palabra de eso, ya es tarde,
andad con Dios. |
| Don Pedro | Él os guarde,
y a los dos deje gozar
con dichosos herederos.
Que, a Dios gracias, vuestra alteza
a darnos de alguno empieza
felices nuevas y agüeros. |
| Reina | Don Pedro, el cielo lo quiera. |
| Don Pedro | Para entonces, si estoy vivo,
a mantener me apercibo
un torneo. |

Reina   ¡Nunca muera
                 hombre de tanto valor!

Don Pedro   Para serviros deseo
                 vivir.

(Vase.)

Reina   Esa verdad creo.

Rey   Venid, Señora.

Reina   ¡El mayor
                 hombre es aqueste que vi
                 entre moros ni cristianos!

Rey   Gloria es de los castellanos.

Reina   De lo que ha pasado aquí
                 mil admiraciones hago.

Rey   Prometo, Señora mía,
                 que me admiro cada día
                 más de don Pedro Miago.

(Vanse, y cantan dentro.)

                 Quemando está unas memorias
                 La mudable Galatea,
                 Que aborrece los testigos,
                 La que quiso, ser firmeza.

(Sale don García, y doña Toda al balcón.)

Doña Toda	¡Qué prendas para seguras!
Don García	¿Es Toda?
Doña Toda	Y soy toda vuestra.
Don García	Estimo en mucho el favor,
Doña Toda	Estimad mucho las muestras de haber venido a escucharos Al cielo de aquella reja, pues que conocéis quien soy y conocéis mi firmeza.
Don García	Sabe el cielo que la estimo en el alma.
Doña Toda	No lo hiciera tampoco, a no permitirlo Palacio. Por vida vuestra que prosigan.
Don García	¿No es mejor que escuchando estéis mis quejas?
Doña Toda	Mejor es cantar que hablar.
Don García	Pues que vuestro gusto sea a mandarles voy que canten y luego aquí doy la vuelta.
Doña Toda	Quiero ver en qué pararon memorias que el tiempo quema, pues para olvidar no bastan.

Don García   Pase adelante la letra.

(Cantan dentro.)   Quiso acaso, cuando quiso,
                    dando a quien muere por ella,
                    por accidentes favores
                    celos por naturaleza.

Don García   Este es don Pedro Miago.

(Sale Berrueco vestido como don Pedro, y don Pedro Miago detrás, arrebozado, y un criado delante con una hacha.)

Doña Toda   Mi padre es éste, no fuerza
                    poco sus inclinaciones,
                    pues hablando con su Alteza
                    está en Palacio a estas horas.

Don Pedro   No cantan mal.

Doña Toda   Con la reja
                    Es verme imposible cosa.

Berrueco   Canten muy en hora buena:
                    ¿Cuándo han de cantar los gallos
                    campanas de las estrellas,
                    se levantan a cantar
                    los hombres en esta tierra?
                    A mi me engañó el diablo
                    y con él alguna vieja,
                    para obligarme a poner
                    estas calzas y esta cuera.
                    Si los que en las cortes viven
                    a tales horas se acuestan,

| | no hay Berrueco para un año.
Ni aún para una noche destas.
Estrella soy del Rey mago,
que guió con pedorreras. |
|---|---|
| Don García | Señor don Pedro Miago. |
| Don Pedro | Señor don García, espera, |
| Berrueco | ¿No basta lo que he esperado?
¿Espera más una deuda
de un tramposo un hombre honrado? |
| Don Pedro | Tuvieron poca paciencia,
y dejáronme, que están
mal acostumbrados; esta
música debe de ser,
si yo no me engaño, vuestra;
serviréis dama en Palacio. |
| Don García | Nunca amor la verdad niega. |
| Don Pedro | Porfiad y venceréis,
que yo, lo sé de experiencia;
y por la fe de hijodealgo
que hay partes en vos, que es fuerza
que de la que es más ingrata
muy favorecidas sean;
y si ella me está escuchando,
hace mal, cuando no quiera
haceros muchos favores;
perdóneme su presencia,
que sois, señor don García,
bueno por las partes vuestras |

	para galán y marido.
Doña Toda	Bien mi padre me aconseja.
Don García	Estimo en mucho el favor,
Don Pedro	Verdades son todas estas, que ya sabéis que profeso toda mi vida esta ciencia; y adiós.
Don García	Tengo de ir con vos.
Don Pedro	Buena grosería fuera, cuando en el terrero estáis idolatrando una reja; con vuestra dama os quedad obligándola a finezas, que yo de la parte mía la pido que os favorezca y aquesto dijera a Toda, cuando vuestra dama fuera.
Doña Toda	¿Qué no ha de alcanzar un padre? Él me anima a que le quiera.
Don García	Yo estimo en mucho el favor, y he de aprovecharme de esa merced, Señor, algún día.
Don Pedro	Don García, aquí estoy: vuestra es mi hacienda y mi persona; camina, Berrueco.

Berrueco	Ciega llevo una lanterna ya. ¡Dios de su mano me tenga! Paje lechuzo me ha hecho la ingratitud de Teresa, que de ser moro no pudo ser otra la penitencia.

(Vanse don Pedro y Berrueco.)

Doña Toda	Bravamente, don García, ha hecho las partes vuestras mi padre.
Don García	¡Soy tan dichoso!
Doña Toda	Adiós, que viene una dueña.

(Vase.)

Don García	¡Dueña hubo de ser a falta de un demonio! ¡quién pudiera no dejar dueña en el mando! Voime, para dar la vuelta.

(Vase.)

(Sale don Pedro Miago y Berrueco por la otra puerta.)

Berrueco	¡Qué largas que son las calles de noche, y más a quien lleva sueño y miedo juntamente!
Don Pedro	Ya descubro a San Esteban.

Berrueco	¿No me pidieras albricias?
Don Pedro	Antes yo hacerte pudiera
mercedes, pues esta noche
me has esperado a la puerta
de Palacio.
Berrueco	Los Berruecos
tenemos fe berroqueña.
Don Pedro	¿Quieres que te dé una casa,
Berrueco?
Berrueco	Merced me hicieras,
porque con eso de mí
hiciera caso Teresa.
Don Pedro	Estas casas quiero darte,
a cuyas labradas puertas
llegas, Berrueco.
Berrueco	Ya sé
que son tuyas todas estas
hasta salir a esa calle
donde muestra la frontera
de la casa donde vives
que un alcázar representa;
pero pienso que te burlas.
Don Pedro	¿Cuándo yo no hablé de veras?
Desde esta noche son tuyas.
Berrueco	Que te bese los pies deja.

Don Pedro	Alza del suelo, y camina.
Berrueco	Mañana en góticas letras, «De Pedro Berrueco son estas casas», pongo en ellas, y ha de venir tiempo alguno en que deste nombre pueda llamarse también la calle.
Don Pedro	No será cosa muy nueva.
Berrueco	Quien sirve a buenos bien haya, pues que desta suerte medra.
Don Pedro	Adelántate a llamar a casa, porque esté abierta cuando llegue.
Berrueco	Voy, Señor; pero ¿qué máscara es esta?

(Salen cuatro moros con máscaras.)

Don Pedro	Moros son; y vive Dios, que me da cuidado. Espera.
Berrueco	Y a mí miedo, que es lo mismo.
Don Pedro	Bien merece cualquier, pena quien sigue a Palacio, y sale a estas horas dél; ya es fuerza cumplir con mi obligación. Moros, mi casa es aquella,

	y pasar he menester.
Berrueco	Llegarse dan por respuesta.
Don Pedro	Si acaso a los cuatro obliga necesidad con vergüenza, que se atreve al más honrado, hombre soy, que con mi hacienda suelo socorrer a muchos, que siempre han hallado abierta mi casa los que la buscan con esta ocasión. Si esperan que llevo al presente aquí con que socorrellos pueda, engáñanse; pues dejarlos la capa, parece ofensa, llevando esta espada al lado, que en la paz como en la guerra nunca la hallaron cobarde vuestra nación y la ajena, que soy don Pedro Miago.
Berrueco	Ninguno viene con lengua.
Don Pedro	El no responder me obliga a pasar desta manera, pues sabéis, moros, quien soy.
Berrueco	Que no hubiera una calleja ahora por donde echar!
Galvan	Engañado me has, Zoraide, que nunca entendí que fuera el cristiano que venías

a matar éste; y pues dejas
olvidar obligaciones
de tu ley y de tu fuerza
con tan infames acciones,
después de tener yo hechas
las paces; a ti, y a cuantos
fueren de tu parte, intenta
esta espada hacer pedazos.
Noble cristiano, pelea,
que a Galvan tienes al lado,
que por mi santo Profeta
que no ha de quedar con vida
ninguno destos.

Don Pedro   Espera,
que no es razón que por mí
quedes con tu sangre mesma
malquisto.

Galvan   Déjame aparte.

Don Pedro   Esto es razón que me debas,
y que te deba, Galvan.
¿Qué aguardáis, moros?

Galvan   Que vierta
su vil sangre.

Don Pedro   Acabad; idos,
idos.

(Vanse los moros.)

Berrueco   ¡Notable obediencia!

	Religiosos moros son.
Galvan	Corrido estoy; ¡que pudiera engañarme este cobarde!
Don Pedro	Nunca mejor les suceda; y hacedme merced, Galvan, entre las que tengo a cuenta, que no habléis más a Zoraide en esto; basta la afrenta con que salió del empeño.
Galvan	Tú solo alcanzar pudieras esa palabra, cristiano; tu casa pienso que es esta entrate, y Alá te guarde.
Don Pedro	Acompañaros quisiera.
Berrueco	Caras me salen las casas si damos con él la vuelta, que es la noche muy oscura.
Galvan	Seguro voy, que me esperan con mi yegua cuatro moros, y esos tres perros me tiemblan
(Vase.)	
Don Pedro	Dios os guarde; bien me acuerdo, que en ocasión como esta el bien que hice hallé.
(Vase.)	

Berrueco
: Yo, porque acordarme pueda,
al crucifijo de Burgos
prometo un moro de cera.

(Vase.)

(Salen los labradores, cantando y bailando.)

Labradores (Cantan.)
: Si está preñada la niña,
apostad que pare un Sol,
hijo de sus ojos negros
y de las flechas de amor;
por sus bodas juegan cañas
en Castilla y en León,
por ser Alfonso el velado
y ser su rey y señor.

(Sale Berrueco, como se viste don Pedro Miago.)

Berrueco
: ¿Dónde va la buena gente?

Teresa
: ¿Berrueco?

Berrueco
: Dime, Señor;
Teresa, que estoy muy grave.

Teresa
: ¿Qué es grave?

Berrueco
: Como estoy yo.

Teresa
: ¿Luego grave es estar tieso?
¿Hate hecho el Rey favor?

Berrueco	Teresa, unas casas solas
hubieras dicho mejor;
ya he puesto mi nombre en ellas,
y a la calle se le doy,
por cuya ocasión la llaman
todos juntos a una voz,
cuando la nombran, la calle
de Pedro Berrueco.
Teresa	Estoy
por darte la norabuena.
Berrueco	Es muy justa obligación;
llegaos todos, no os turbéis.
¿Este es Mingo?
Mingo	Mingo soy.
Berrueco	¡Oh qué apretados amigos,
hemos sido Mingo y yo!
Mingo	¿Por qué no ahora?
Berrueco	Porque hay
desigualdad en los dos;
cubríos todos.
Uno	Bien estamos,
que hace muy grande calor.
Teresa	¡Bravo cortesano vienes!
Berrueco	Tanto, Teresa, lo estoy,
que no me conocerá

la madre que me engendró;
ya sé no cumplir palabra,
ya sé ser adulador,
y decir mal de mi amigo
en toda conversación;
ya sé las intercadencias
del él, tú, merced y vos,
y sé con agua bendita
quitarme y ponerme un don
ya sé decir «está falso»,
«En baja fortuna estoy»,
«Desvalido anda don Gazmio»,
«Valido don Golondrón».
Ya digo «mi zapatero,
Mi sastre, mi tundidor»,
y hago lo que todos hacen
por tema y no por amor.
Ya me cansa todo el mundo
y en melancólico doy
porque me llamen discreto,
y salgo misa a las dos.
Por cumplimiento en Palacio
traigo alguna pretensión,
hablo aspacio, haciendo gestos,
como quien juega al rentoy.
Y al fin para dar limosna
u para tratar de amor,
no traigo blanca conmigo,
siendo con todos doblón.

Teresa   Bien sabes las letanías
              de la corte.

Mingo   En fin, ¿son hoy

	las cañas?
Berrueco	Mingo, si,
	sin duda esta tarde son,
	y doce toros con ellas,
	que don Pedro, mi señor,
	les hace toda esta fiesta,
	y juntamente los dos
	este favor a don Pedro
Mingo	¿Juegan moros y cristianos
	con un mismo traje?
Berrueco	Yo,
	Mingo, sospecho que sí,
	y que las parejas son
	un moro con un cristiano.
Mingo	Es amistad y es amor.
Berrueco	Haced por llegar temprano,
	que yo en ese rocín voy
	por cañas para don Pedro,
	que están para esta ocasión
	cortadas de muchos años;
	allá me veréis dar hoy
	una merienda a los reyes
	con más grandeza y sazón
	que la dió Sardanapalo.
	Adiós, Teresa.
Teresa	Mi amor
	me puedes pagar, si acaso
	me has querido.

Berrueco   Adiós.

Teresa   Adiós.
            ¿No me respondes?

Berrueco   Teresa,
            yo me acordaré de vos.

(Vase.)

Un Pastor   Con Cuidado caminemos,
            y cántese otra canción.

Labradores (Cantan.) En Valladolid, damas,
            juega el Rey las cañas,
            el rey don Alfonso, cuerpo garrido,
            hoy las cañas juega.
            Galán y lindo, galán y lindo,
            damas,
            juega el Rey las cañas.

(Vanse todos, y al entrarse coge Abdelmon a Teresa.)

Abdelmon   Aguarda, mujer.

Teresa   ¿Quién eres?

Abdelmon   Un hombre que ha pretendido
            morir, y nunca ha podido;
            sígueme.

Teresa   ¿Pues qué me quieres?

Abdelmon	Quiero enseñarte un tesoro entre aquestas yerbas.
Teresa	Moro, Déjame aquí, que daré mil voces.
Abdelmon	No detendré con mi valor el decoro; sígueme, pues.
Teresa	No te sigo.
Abdelmon	Yo voy con entretenerte solicitando la muerte de mi mayor enemigo; porque sé por mis conjuros, y mágicas, no te asombre, que hoy has de dar vida a un hombre de quien no viven seguros los de mi sangre y mi ley, siendo otro segundo Cid.
Teresa	Yo voy a Valladolid, que juega cañas el Rey, y temo tarde llegar y lo que dices no entiendo.
Abdelmon	Vete ya, que estoy muriendo de que no pueda matar.
Teresa	De una carrera imagino a Valladolid llegar, que es poco lo que hay que andar.

(Vase.)

Abdelmon   Plegue a Dios que en el camino,
                    Mahoma quiera, mujer,
                    ser de tu vida homicida,
                    antes que tu ingrata vida
                    de alguno lo llegue a ser;
                    pues el agua no ha querido
                    dármela ni haya fuego
                    que abrase la tierra luego,
                    que al viento solo le pido
                    que deje para mis quejas,
                    pero la tierra imagino
                    que abra a mis males camino
                    si Alá cierra las orejas.

(Húndese.)

(Sale Teresa, corriendo.)

Teresa   ¡Bravamente han caminado!
                    Y vengo tan sin sentido,
                    que a las puertas he perdido,
                    porque en nada he reparado;
                    si a la puerta me buscaren,
                    aquesta es la de Segovia,
                    donde la que fuere novia
                    parirá si la empreñaren,
                    que habiendo de entrar primero
                    por la del Campo, la erré.

Voces (Dentro.)   Atajad, tené, tené.

Teresa	Dios te guíe, caballero;
	De fiestas viene vestido,
	las riendas se le han quebrado,
	el caballo es desbocado,
	y de las clines asido
	detenerle intenta en vano,
	y un mundo viene tras él;
	pero el caballo cruel,
	de sangrienta espuma cano,
	despeñarle determina;
	yo quiero, en lugar de antojos,
	puesta en la puerta, en los ojos
	echalle esta mantellina,
	pues no hay ningún hombre aquí.
Don Pedro (Dentro.)	Ten, ataja, labradora,
	que es el Rey.
Teresa	¡Nuestra Señora
	le valga! ¡triste de ti!

(Echa la mantellina, y éntrase.)

(Salen la Reina y damas.)

Doña Toda	Vuestra alteza se asegure
	de la furia del caballo,
	que ya te han detenido
	o le habrán hecho pedazos.
Reina	¿Que tuviese tanta furia
	cayendo sobre las manos,
	que los alacranes mismos
	rompiese? ¡notable caso!

Condesa	Apenas se vio sin riendas
el bruto espumoso, cuando
partió como el apetito
furioso y desenfrenado,
Reina	¿Qué casa es esta?
Doña Toda	Señora,
es de don Pedro Miago,
mi padre, y esclavo vuestro.
Reina	El asombro, el sobresalto,
de manera, doña Toda,
me tiene, que aseguraros
puedo que no estoy en mí.
Doña Toda	Eso es justo, y no me espanto.

(Sale Teresa, labradora.)

Teresa	Albricias, señora mía.
Reina	Labradora, yo os las mando.
Teresa	Pues no tengáis pena alguna,
que el Rey viene bueno y sano,
que yo con mi mantellina
he detenido el caballo
en la puerta de Segovia,
y allá queda hecha pedazos;
una mantellina quiero
no más.

Reina	La vida me has dado, y un heredero a Castilla.
Teresa	Ya imagino que me llamo moros y cristianos juntos.

(Sale toda la compañía de juego de cañas.)

Reina	Mi Señor, dadme esos brazos
Rey	Señora del alma mía.
Reina	¿Cómo venís?
Rey	Gracias dando al cielo de mi suceso.
Teresa	Ya que estáis desavahado, hacedme merced.
Rey	Confieso que te la debo.
Teresa	¡Qué agravio?
Berrueco	¿Qué, Teresa, ha sido al fin la que detuvo el caballo?
Rey	¿Quién eres, mujer: quién eres?
Teresa	Soy de don Pedro Miago labradora.
Rey	Cosa suya

115

	pudo hacer este milagro. ¿Como, te llamas?
Teresa	Teresa Gil, Señor.
Rey	Dueño te hago de la puerta de Segovia, y de dos leguas de campo alrededor juntamente, y el nombre desde hoy mudando la puerta, por el suceso admirable del caballo, de Teresa Gil se llame.
Teresa	Dios te dé herederos tantos que les vengan a faltar. Nombres en el calendario.
Berrueco	Teresa, pues tienes puerta y yo casa, y siempre he andado como gato por Enero sin alma por tus pedazos casémonos; ¿qué respondes?
Teresa	Berrueco, en habiendo espacio, yo me acordaré de vos.
Berrueco	¡Lindamente me has pagado!
Don Pedro	No tengo admirable cosa en mi casa que enseñaros si no es esta.

Rey	Este es entierro.
Don Pedro	Donde he de ser sepultado, que para que de la muerte me acuerde, siempre le traigo puesto delante los ojos
Rey	¡Sabio y cuerdo desengaño!
Don Pedro	¿Qué miráis?
Rey	Estoy leyendo estas letras, que en el mármol de negro están esculpidas, y es notable el epitafio. (Lee.) «Yo soy don Pedro Miago que con lo mío me yago; lo que comí y bebí gocé; el bien que yo hice hallé, lo que dejé no lo sé.» Ni yo qué queréis decir en estas letras
Don Pedro	Gustando que os las declare, escuchad.
Rey	Decid, que confuso aguardo.
Don Pedro	Digo que yago en lo mío, porque he de ser enterrado en mi casa, y que ha de ser en los venideros años; decir que gocé no más lo que comí y bebí, es claro,

	pues que sustento la vida,
	porque los demás humanos
	gustos traen otras pensiones
	y nadie los goza francos;
	hallar el bien que se hace
	acontece de ordinario,
	y ya es la sala testigo
	de alguna vez que lo ha hallado;
	que lo dicho no se sepa;
	Alfonso; no os cause espanto,
	que por un maravedí
	lo tengo todo prestado
	mirad si os he satisfecho.

Rey   Siempre, don Pedro Miago,
               de vos lo quedé, y pretendo
               de lo que os debo pagaros
               alguna cosa, hoy que vengo
               a vuestra casa.

Don Pedro   No aguardo
               sino serviros por premio.

Rey   Pues sepulcro y epitafio
               que está muerto nos enseña,
               tomar ejemplo tan claro
               pueden todos; sois discreto.

Don Pedro   Siempre, Alfonso, de ordinario
               me hacéis mercedes.

Don García   Ahora,
               pues es ocasión, le hablo
               Alfonso, rey de Castilla,

azote de los paganos,
cuya vida guarde el cielo
largos y felices años,
por defensa de la fe,
y a vos, don Pedro Miago,
a quien siempre obedecí
como a mi padre, y amparo
os pido, noble Señor,
que a doña Toda, el Sol claro
que alumbra nuestro hemisferio,
he servido con cuidado;
si mi obediencia y amor,
si mi bumildad y recato
merecen que sea su esposo,
aquí a vuestros pies postrado
os suplico me la deis.

Rey

Hablad, don Pedro Miago,
como dueño superior
de vuestra hija.

Don Pedro

              Gusto tanto,
que ha días que lo deseo.

Rey

Pues entremos en Palacio,
que quiero ser el padrino
destas bodas.

Reina

              Largos años
viváis los dos; yo la doto,
señor, en seis mil ducados.

Doña Toda

Para serviros serán.

Don Pedro	Con aquesto da fin Lauro
a esta verdadera historia.
Pidiendo perdón y aplauso
para la segunda parte
a tan ilustre Senado.

Fin de la comedia

Libros a la carta

A la carta es un servicio especializado para
empresas,
librerías,
bibliotecas,
editoriales
y centros de enseñanza;
y permite confeccionar libros que, por su formato y concepción, sirven a los propósitos más específicos de estas instituciones.
Las empresas nos encargan ediciones personalizadas para marketing editorial o para regalos institucionales. Y los interesados solicitan, a título personal, ediciones antiguas, o no disponibles en el mercado; y las acompañan con notas y comentarios críticos.
Las ediciones tienen como apoyo un libro de estilo con todo tipo de referencias sobre los criterios de tratamiento tipográfico aplicados a nuestros libros que puede ser consultado en Linkgua-ediciones.com.
Linkgua edita por encargo diferentes versiones de una misma obra con distintos tratamientos ortotipográficos (actualizaciones de carácter divulgativo de un clásico, o versiones estrictamente fieles a la edición original de referencia).
Este servicio de ediciones a la carta le permitirá, si usted se dedica a la enseñanza, tener una forma de hacer pública su interpretación de un texto y, sobre una versión digitalizada «base», usted podrá introducir interpretaciones del texto fuente. Es un tópico que los profesores denuncien en clase los desmanes de una edición, o vayan comentando errores de interpretación de un texto y esta es una solución útil a esa necesidad del mundo académico.
Asimismo publicamos de manera sistemática, en un mismo catálogo, tesis doctorales y actas de congresos académicos, que son distribuidas a través de nuestra Web.
El servicio de «Libros a la carta» funciona de dos formas.
1. Tenemos un fondo de libros digitalizados que usted puede personalizar en tiradas de al menos cinco ejemplares. Estas personalizaciones pueden ser de todo tipo: añadir notas de clase para uso de un grupo de estudiantes, introducir logos corporativos para uso con fines de marketing empresarial, etc. etc.

2. Buscamos libros descatalogados de otras editoriales y los reeditamos en tiradas cortas a petición de un cliente.

www.ingramcontent.com/pod-product-compliance
Lightning Source LLC
Chambersburg PA
CBHW051655040426
42446CB00009B/1149